트럼프는
좌파일까
우파일까

사회비평 시리즈 1

트럼프는 좌파일까 우파일까

미국 좌우파의 역사와
트럼프의 정체성

김유진 지음

생각나눔

프롤로그

　　　　　　　오늘날 세계의 모든 좌파들, 그리고 영향력 있는 언론들은 선거 끝까지 트럼프가 낙선할 것이라고 했다.

그리고 그를 히틀러의 콧수염을 기른 모습으로, 나치 경례를 하는 모습으로, KKK단의 흰 고깔을 쓴 모습으로 그렸다.

그럼 그는 인종주의자인가?

그럴지도 모른다. 그는 무슬림이 미국에 들어오는 것을 막으려 했고, 또 멕시코의 가난한 사람들이 미국으로 밀입국하는 것을 차단하기 위해 국경에 방벽

까지 세우려 하고 있다.

그러나 트럼프의 자녀들은 거의 모두 유대인과 결혼했고 큰딸 이방카는 유대교로 개종까지 했다.

그리고 히스패닉이나 흑인 중에서도 히틀러 지지자들은 오히려 늘어났다.

더욱이 러스트 벨트의 노동자들 또한 자신을 대변한다고 주구장창 말해 오던 노조와 민주당 말고 트럼프를 지지하는 듯하다.

물론 트럼프를 극우 테러 집단이 지지하기는 한다.

그러나 트럼프는 KKK단을 국내 테러 집단으로 규정했다. 하지만 이를 보도하는 언론은 소수다.

오히려 오늘날에는 좌파 테러가 더 두렵다. 안티파는 스스로 밝히듯 파시즘의 폭력을 자신들도 동원하고 있고, 또 BLM(Black Lives Matter) 시위는 항상 광란의 파티나 폭력이 난무하는 소요 사태가 되고 경찰 살해까지 이루어졌다.

그리고 항상 그랬듯 이들 뒤에 외부 세력이 있다는 의혹도 제기되고 있는데 트럼프는 이를 거든다.

따라서 트럼프는 집요하게 이를 물고 늘어지며 그는 이들 뒤 외부 세력은 딥스테이트로서 미국 정부를 가지고 놀고 있으며, 전 세계를 지배하려고 이른바 적국들과 내통하고 있다고 주장한다.

그리고 그는 '워싱턴 스웜프를 메우자.'라는 캠페인도 진행하고 있는데 이 문구는 말라리아모기 퇴치를 위해 늪지대 물의 물리적인 배출을 의미하지만, 동시에 워싱턴 D.C가 늪지대에 세워졌다는 점에서 연방 정부의 부패한 관료와 정치인 지식인들을 몰아내자는 캠페인인 것이다. 특히 국제기구를 통해 미국을 농락하는 엘리트 글로벌리즘과 이들 딥스테이트의 자금을 추적하여 폭로하자고 하고 있다.

반면 좌파들은 트럼프가 전쟁광이며 기독교 근본원리주의에 입각해 이슬람을 공격하고, 러시아, 중국을 악마화한다고 비난한다.

도대체 진실은 무엇일까?

트럼프는 과연 누구이고, 나아가 전 세계 좌우파는 도대체 무슨 짓을 벌이고 있는 것일까?

이 책은 미국 대통령 선거에 맞춰 긴급하게 쓰였다.

프롤로그·5

제1부_ 미국의 좌우파

미국의 시민과 시민 사회	15
공화당과 민주당	22
뒤바뀐 좌우	27

제2부_ 미국 좌우파의 역사

좌파의 탄생	37
우파의 탄생	42
뉴딜 / 6·8 혁명	51
우파의 쇠락	58
여피/보보스	60
캐비어 좌파 혹은 리무진 리버럴	64
좌파의 타락	66
돌아온 우파	72

제3부_ 트럼프를 우파라 하는 좌파는 진짜 좌파인가?

포퓰리스트 트럼프	79
제국의 스펙터클	87
전쟁?	94

제1부

미국의 좌우파

01 미국의 시민과 시민 사회

　　　　세상에서 왕이 없는 최초의 나라는 미국이고, 대통령이 처음 뽑힌 나라도 미국이다.

최초의 미국인들은 식민지 주민이었다. 그리고 시민이었다.

당시에는 부르주아나 프롤레타리아는 존재하지 않았다.

그들은 그저 광활한 대지에서 황무지를 개간하는 소농들과 목축업자들, 도시라고 하기에는 너무 초라

한 타운에서 자리 잡은 대장장이, 날품팔이 상인 등이었다.

여기에 변호사, 언론인 등이 가세하였다.

그래서 비로소 미국의 시민 사회가 형성된다.

미국의 시민들은 영국은 물론 다양한 나라에서 종교적, 정치적, 경제적 박해를 피해 온 개척자이자 자유인이었다. 물론 범죄자들도 많았고, 또 정치적으로 수배되어 망명해 온 자도 많았다.

하여간 이런 특징들이 미국 시민 사회에 다양성, 개방성, 실험성 등을 부여했다.

앞으로 길게 말하겠지만 사실 이때만 해도 오늘날의 좌우 개념은 존재하지 않았다. 당시 소농, 소상공인으로 구성된 시민 사회는 자본주의적 갈등이 첨예하지 않았기 때문이다. 물론 자본주의적 계급인 부르주아와 프롤레타리아도 거의 존재하지 않았다.

그래서 그랬을까?

시민 사회 이론의 선구자 중 하나인 알렉시스 드 토크빌은 이러한 미국 사회에서 비로소 근대적 시민 사회의 원형을 발견했는데, 그것은 소농, 소상공인들이 자유, 평등, 민주주의를 향유하고, 정부를 구성하고, 언론, 출판, 결사의 자유를 구가하며, 지적, 문화적 교양을 누리는 그런 세상이었던 것이다.

흥미로운 것은 우파들 말고 좌파들 또한 미국에 큰 기대를 걸었다.

로버트 오언은 미국에서의 자신의 공상적 사회주의 공동체 '뉴하모니'를 건설했다.

또 과학적 사회주의의 창시자 칼 마르크스는 미국에서 자신이 염원하고 예측하는 세상이 도래할 것이라는 꿈과 기대에 부풀어 있었다.

당시 〈뉴욕 트리뷴〉이라는 신문의 특파원이었던 그는 미국에서 최첨단 자본주의를 보았고 공황을 보았다.

그리고 그는 미국의 독립 전쟁, 남북 전쟁을 보았다. 독립 전쟁은 반(反)제국주의 투쟁이자 반(反)봉건 투쟁이었고, 부르주아 혁명이었다. 남북 전쟁 또한 미국 시민 내전(American Civil War)으로 번역되는데 그것은 노예제에 반대하는 부르주아 혁명인 동시에 내전이었으며 싸움의 주체는 시민들이었다.

그는 당연히 남북 전쟁 당시 북군의 열렬한 지지자였으며 앞으로의 계급투쟁은 폭력적 형태를 띨 것이며, 미국 부르주아로부터 프롤레타리아가 배턴을 이어받아 그것을 수행할 것이고, 그것은 영국 노동자, 유럽 대륙 노동자 순으로 연이어지고 이어져 결국 세계적 수준의 프롤레타리아 혁명이 시작될 것으로 예측했다.

물론 그렇게 되지는 않았다.

남북 전쟁 이후로 북부의 대도시가 더욱 커지고 또한 본격적인 서부 개척이 이루어지자, 금융업자,

상공업자는 물론 대토지 소유자, 석유 및 광물 채굴 업자가 대거 들어왔다.

그리고 그 중에는 맨손으로 개척 정신을 발휘해 거대한 부를 움켜쥔 행운아들도 있었다.

카네기, 제이피 모간, 빌더벨트, 록펠러가 그들이다.

물론 과학과 실용주의의 땅 미국에서는 발명으로 큰돈을 움켜쥔 에디슨 같은 사람두 있었디.

특히, 뉴욕으로 세계의 부가 흘러 들어오고, 풍요와 축복의 시기를 구가하며, 미국은 가장 풍요로운 도시이면서 가장 세련된 도시가 된다.

당연히 주식 부호들과 자유직, 전문직 종사자들, 그리고 저술가, 예술가들은 미국에서 자신들만의 상류 사회를 형성하는데 이로써 미국식 부르주아 사회가 만들어졌다.

이들은 처음에는 유럽에 대한 열등감으로 유럽풍 예술 사조를 선호한다. 또 영국식 아마추어 스포츠

즐긴다.

그러나 점차 미국적인 것을 만들어 나간다. 우선 흑인의 열정이 어우러지고, 당시 사회 진출이 활발했던 중산층, 그리고 여성 사무직들이 어울릴 수 있는 재즈, 스윙 등이 발달한다.

그리고 대량 생산 대량 소비 시스템이 만들어지면서 노동자들도 자가용을 몰고 다니고 저택에 살며, 맥주와 스포츠를 즐기게 되면서 바야흐로 대중문화의 시대 또한 열리게 된다.

그리고 그것은 매스컴, 학교 등에 의해 뒷받침되었다. 이제 시민 사회는 혁명을 잉태하며 결국 그것에 의해 찢기는 '알 껍질' 같은 것이라기보다는, 혁명을 다스리고 길들이는 학교, 클럽, 연회장이 되었다.

이탈리아의 비운의 공산당 당수 안토니오 그람시가 목도한 미국은 이런 미국이었으며, 대량 생산 대량 소비 시스템, 테일러리즘, 포디즘, 그리고 대중문화를 미국주의(Americanism)라고 불렀는데 바로 이러한 미국주의가 프롤레타리아 혁명을 힘들게 할 것이라고 봤다.

실제로 미국은 전 세계 우파의 종주국이 되었으며, 특히 냉전을 수행하면서 반공주의 우파가 주류를 이루게 된다.

반면 미국은 뉴딜 정책과 6·8 운동을 통해 좌파 또한 탄생시키는데, 이들은 유럽의 좌파들하고는 많이 달랐다. 그렇게 유럽을 제치고 미국의 좌파가 전 세계 좌파의 스탠더드가 되니 미국은 좌파의 종주국이라고도 볼 수 있을 것이다.

물론, 소련, 중국 등을 목표로 삼는 좌파는 제외하고 말이다.

02 공화당과 민주당

오늘날 미국의 우파는 공화당이고 좌파는 민주당이다.

공화당은 적은 세금, 자유 시장, 사적 소유, 이민 제재, 강력한 군사력을 주축으로 하며, 총기 소유의 자유, 낙태 금지, 노조에 대한 규제 등이 특징이다. 보호 무역을 옹호하며 관세를 통해 수출입량을 조절할 것을 주장한다.

국제적으로는 이스라엘과의 강한 동맹을 지향하며

반공, 반이슬람 근본 원리주의 노선을 분명히 하고 있다.

미국적 가치는 그 내용이 선명하며 주체, 대상, 목적 또한 선명하다. 다시 말해, 공화당을 지지하는 미국인들의 기준에 안 맞는 나라들의 경우, 경우에 따라서는 무력을 동원해서라도 미국적 가치– 그들이 주장하는 자유, 민주주의, 인권 등 –를 관철시키겠다는 것이다.

지지 세력으로는 남부 지역, 농민, 백인 남성들, 노인, 기독교인들로 구성되며, 일부는 극우 기독교인도 있다.

지역적으로는 서부나 동부의 대도시보다 중부나 남부의 변두리나 시골에서의 공화당 지지도가 높은 편이다.

반면 오늘날 미국의 좌파는 민주당이다.

자유주의와 사회적, 경제적 평등을 옹호하며, 시장 개입을 통하여 경제의 균형을 찾아야 한다고 강조하며, 노조의 권리를 보호하며, 환경 친화 정책을 펴는 복지 국가를 지향한다.

그러나 유럽의 좌파 정당과 같은 수준의 강력한 국가 복지를 주창하지는 않는다. 민주당은 리버럴 정당, 즉 자유주의, 친자본주의, 유럽에 비해 상대적으로 작은 국가를 지향한다.

대신 지역 중심의 공동체, 페미니즘과 성 소수자, 소수 인종처럼 사회적 약자, 소수자의 인권 혹은 시민권을 중요시 한다. 총기 소유, 임신 중절, 이민 등에 대해서는 공화당에 비해 진보적인 것은 당연하다.

국가 복지를 지지하고, 동성애, 낙태 허용법, 더 엄격한 총기 규제, 환경 보호법 등의 제정을 원한다. 다문화주의를 옹호하며, 이민자들이 미국화되기 보다는 고유의 문화를 지키며 미국을 더더욱 풍요롭게 만들어줄 수 있다고 믿는다. 그리고 미국이 군사적 조치를 취하는 대신 외교나 평화적인 방법으로 외교적인 문제들을 해결하는 것을 원한다. 외교적으로는 국제주의(internationalism)를 지향하며 공화당에 비해 덜 패권적이고 덜 군사적이다. 특히 이슬람이나 공산권에 대해 우호적인 제스처를 취한다.

하지만 이들과 더불어 평화를 추구한다고 보긴 힘든데 왜냐하면 민주당 대통령들이 이들 세력들과 필요할 때 손을 잡고 필요할 때 무력을 행사하기 때문이다.

그저 국제기구를 통해 기아 난민 돕기, 말라리아, 환경 보호 등에 상대적으로 적극적인 게 공화당에 비해 두드러진다 할 수 있겠다.

민주당의 주요 지지 기반은 주로 백인 대졸자, 화이트칼라, 노조, 흑인, 무슬림, 히스패닉, 아시아 인이다. 그리고 월스트리트의 금융 자본가와 아이티 재벌, 그리고 헐리웃의 슈퍼스타들도 많다.

지역으로는 오대호 연안, 뉴잉글랜드, 태평양 연안, 하와이, 도시, 공단 지역에서 높은 지지를 받는다.

03 뒤바뀐 좌우

　　　　미국 우파는 자신들의 시조를 독립 전쟁을 수행한 건국의 아버지들이라고 명백하게 천명한다.

그리고 이들은 토지 소유, 자유로운 노동을 주장했고, 또 봉건적 잔재들과 종교적, 정치적, 종교적 박해, 인습적 배척 등에 대해 그것들에게 벗어나기 위해 미지의 신천지로의 탈출과 황무지의 개척을 선택하든가, 아니면 제국이자 식민 모국과의 전쟁을 선택한 것을 자랑스럽게 생각하는 사람들이었다.

또 자본주의의 발전과 관련된 흑인 노예 해방을 위해 연방을 탈퇴한 남부 주들에 대해 전쟁을 감행한 것 또한 자랑스럽게 생각한다.

이들은 미국적 가치를 내세우면서 다른 나라와의 전쟁 또한 불사하지만, 청교도의 근면, 성실, 경건함을 고수하고, 억만장자를 영웅시하며, 육체적 쾌락을 긍정한다.

이들은 자유, 평등, 민주주의, 인권을 내세우지만, 이슬람과 소수인종에 대해서는 무시하는 경향을 노골적으로 드러내기도 한다.

반면 오늘날 좌파는 건국의 콜럼버스부터 링컨에 이르기까지 건국의 아버지들을 부정하는 경향이 있다.

그러나 이들은 안티파, 비엘엠과 같은 극렬 좌파들이고, 6·8 운동의 세례를 받은 클린턴 같은 사람들이다.

그러나 정통 민주당원들은 건국의 아버지에 자신의 근원을 두고 있는데 앤드류 잭슨이 바로 민주당의 창시자다.

그는 흙수저 출신이고, 험한 욕을 항상 입에 달고 다니는 사람이었다. 또 그는 선전 선동을 일삼는 정치 지도자였다. 그러다 똑같은 선전 선동에 고통을 받기도 했다. 그는 자신이 사랑하던 부인의 죽음이 정적들의 마타도어 때문이라고 믿었다.

이런 점에서 보면 앤드류 잭슨은 오늘날 좌파 정치인의 특징적인 모습들은 그 옛날에 보였던 듯도 하다.

그러나 그는 우파의 시조들인 워싱턴, 매디슨, 제퍼슨 등과 마찬가지로 전쟁 영웅이었고, 노예주였으며, 네이티브 아메리칸들을 학살하기도 하였다.

그리고 그는 결투에 능했는데, 당시 건국의 아버지들을 포함하여 우파 정치인들도 결투를 자주 했다. 그러나 일대일 결투 능력을 따지면 앤드류 잭슨이 제일 뛰어날 것이다. 연방주의를 창시했던 우파의 창시자 중 하나였던 알렉산더 해밀턴이 결투로 숨진 것을 생각하면 비교되는 대목이다.

반면 우파의 시조이자 공화당의 창립자는 링컨이었다. 그러나 알다시피 당시 공화당은 진보 즉 좌파였다. 반대로 민주당은 보수 즉 우파였고 말이다.

그럼 시간을 거슬러 과거 좌파였던 공화당이 우파가 되고, 우파였던 민주당이 좌파가 된 과정은 무엇이었을까?

살펴보자.

미국의 초기 역사에서는 북부의 기반은 상공업이었으며, 노예제가 아닌 임금 노동이 일반화되었다. 그리고 민주주의가 발달하였으며 그 결과 노예제에 반대하는 세력이 강했다. 여기에 기반을 둔 당이 공화당이었다. 그리고 공화당은 링컨에 의해 주도되었고, 이후 남북 전쟁을 수행하고, 또 1863년 미국 전역에 노예 해방을 선언했다.

당시 공화당은 매우 진보적이었다. 미국에서 태어난 시민은 모두 법 앞에 평등하며 피부색 때문에 투표를 못해선 안 된다는 조항을 헌법에 넣었다. 당시 흑인에게 투표권을 준다는 건 당시 혁명에 가까웠다. 이때의 공화당은 좌파였던 것이다.

반면, 남부의 기반은 면화 산업이었으며 노예제가 근간이었다. 민주당은 여기에 기반을 뒀다. 다시 말해 명백한 우파였던 것이다. 그리고 남북 전쟁에서 패배하면서 소수 세력이 되었다.

그러나 미국의 북부에 자본주의가 발달하면서 북부에 기반을 둔 공화당은 친(親)자본가 정당이 되었고 결국 우파가 되었다.

반면 민주당은 노동조합, 여성, 소수 인종, 민권 운동 세력, 종교 세력, 그리고 북부의 화이트칼라 백인들을 지지층으로 삼기 시작했다.

  이때부터 비로소 오늘날 공화당 대 민주당의 구도가 자리 잡게 된 것이다.

제2부

미국 좌우파의 역사

01 좌파의 탄생

초기 미국의 좌파는 볼셰비키나 사회민주주의자일 수는 없었다. 왜냐하면 이런 세력은 자본주의가 발달한 후 등장한 부르주아와 프롤레타리아를 전제하여야 생기는데 당시 미국은 본격적인 자본주의 사회라고 볼 수 없었다. 그저 소농, 소상공인 등에 근거한 사회였기 때문이다.

따라서 이때 나타난 좌파라면 아나키스트를 들

수 있다.

이들은 마을 단위로 생산, 유통, 소비를 구성하고 소유, 경영, 관리, 노동을 통일시키는 이른바 공상적 사회주의의 실험장 정도를 구성하는 이념이었을 것이다. 실제로 로버트 오언은 미국에서 자신이 이상적으로 생각하는 마을 공동체 뉴하모니를 실험했으며 기독교 교파들 중에서도 비슷한 실험을 했다.

그러나 이후 북부 중심으로 공장이 형성되면서 노동자들에 근거한 좌파가 등장한다.

초기에는 아나코 생디칼리즘이라 하여 노조에 입각해 세상을 변화시키려는 움직임이 나타났는데 이들은 정당 정치 보다는 파업, 혹은, 테러를 벌였다.

당시 노동 쟁의는 경찰, 혹은 민간 구사대가 총기를 난사하는 경우가 빈번했고 이후 마피아가 자본가 측과 노조 측 간에 개입하면서 기관총, 수류탄으로 무장하게 되었다.

1901년 미국 대통령 윌리엄 매킨리, 카네기의 라이벌 헨리 크레이 프릭 등이 아나키스트들에게 암살당한다. 당연히 카네기, 제이피 모건, 록펠러는 아나키스트들의 표적이었고 평생 공포에 시달려야 했다.

그리고 당시 전 세계 좌파 운동은 처음에는 독일 이후에는 러시아에 의해 주도되고 있다고 볼 수 있는데, 미국에는 러시아의 영향도 강했다.

그리고 당시 러시아에는 나로드니즘이라 하여 아나키즘 성향의 좌파가 두드러졌는데 이들은 처음에는 테러를 벌였지만 나중에는 대중 정당 노선으로 선회한다. 그리고 이러한 흐름은 다른 나라들에도 영향을 미치는데 미국에도 영향을 미쳤다. 이때 등장한 정당이 피플스 파티, 즉 인민당이었다.

이 정당은 1887년 창당되어 1908년까지 존재했고 농민에 기반을 두었으며 정책은 대중주의, 금은복본위 제도 등이었다.

또 독일, 프랑스 등의 영향을 받아 미국에는 사회당도 나타나는데, 민주당이 뉴딜 정책을 실시할 당시 사회당 내 일부가 민주당으로 합류하게 되면서 당세가 기운다. 그리하여 1972년 해산하게 되면 비슷한 이름의 사회당이 다시 출현하지만 당세는 미미하다.

미국에는 공산당도 있다. 사회당 내 좌파가 친소 노선을 견지하면서 창당했으나 1920년 소련첩자 혐의와 노동자 극렬 시위, 배후 조종 혐의로 탄압을 받았다.

그 외 언급하지 않을 수 없는 것은 미국 내에서는 스탈린에 반대하는 트로츠키 노선의 좌파들이 있었다는 것이다.

이들은 공업 노동자에 기반하며 반미 반소 노선을 견지하였다.

오늘날 노암 촘스키, 하워드 진, 버니 샌더스 등

고참 좌파들의 경우 트로츠키주의의 영향을 받는 것으로 보이며 영국과 미국 좌파들이 함께 만든 좌파 학술 잡지 「뉴레프트 리뷰」 또한 초창기에는 트로츠키주의의 영향이 컸다.

02 우파의 탄생

　　　　　미국 우파는 당연히 그 기원을 건국의 아버지들에 두고 있다.

그리고 당시 미국의 좌우파는 모두가 노예주였고 네이티브 아메리칸을 학살했지만 봉건적 잔재와 제국주의를 무력으로 무찔렀다.

그리고 오늘날 우파라 하면 남부의 농민, 백인 우월주의에 기독교 근본 원리주의를 떠올리지만 최초의 우파인 링컨은 노예 해방의 아버지고 그가 만든

당인 공화당은 그 역할을 수행한다.

반면, 좌파 즉 당시 민주당은 노예제를 옹호했다.

따라서 탄생에 대한 얘기를 하면 미국의 좌파, 즉 민주당은 트라우마가 있고 우파인 공화당은 자랑스러워한다.

그러나 앞서 보았듯이 공화당은 점차 보수 우파가 되었고, 좌파인 민주당은 점차 진보 좌파가 되었다.

이러한 복잡하고 역설적인 역사는 미국의 좌우파를 온전히 파악하기 힘들게 하는 요인이 된다.

우파의 경우를 보자.

유럽- 특히 독일, 이탈리아, 스페인, 러시아 등 - 과 제3세계 여러 국가들의 경우, 극우 세력 특히 파시즘 세력은 거대 국가를 지향한다.

그러나 미국의 극우 혹은 파시즘이라 불리는 세력은 정반대다. 오히려 거대 국가를 반대한다.

그렇다고 이들이 아나키스트인 것도 아니다. 그저

작은 정부를 지향하고, 시민의 무장을 주장한다.

오히려 거대 국가를 지향하는 것은 미국의 좌파들이다. 물론 미국의 좌파들 중에서도 초기의 아나키스트, 혹은 6·8 운동의 히피, 공동체주의자, 페미니스트, 환경 운동가들도 무정부주의에 가깝지 거대 국가를 좋아하지 않는다.

그러나 이들이 미국 민주당의 주류는 결코 아니다.

그저 미국 좌파들 중 거대 국가를 좋아하는 정파들은 뉴딜을 계승하는 개입주의 리버럴리스트, 혹은 유럽식 사민주의자들일 뿐이다.

더욱이 아나키스트 경향의 6·8 운동의 잔존파들 또한 시간이 지날수록 강력한 거대 국가, 연방주의를 지지하게 된다. 그리고 이것은 매우 모순적인 것이다. 그들이 지향해야 할 것은 풀뿌리 운동, 공동체 운동, 혹은 기껏해야 시민 사회에서의 '영향의 정치'만을 펼쳐야 맞는 것이다.

그러나 이들은 제도권 정당인 민주당을 지지하고, 또한 거대국가, 연방주의를 지지한다.

그 이유는 무엇인가?

그것은 바로 이들은 헌법 수정, 증세, 복지 예산 증액, 그리고 보조금을 받기 위해서다.

뭐 그럴 수도 있다고 볼 수 있겠지만 내가 보기엔 그건 6·8 운동을 타락시키는 치명적인 부작용을 낳은 듯하다.

그래서 그것은 우파들이 좌파들을 비난하는데 좋은 빌미를 제공한다.

다시 말해 미국의 우파들은 강력한 국가를 지향하는 좌파들을 향해 소련이나 중국식 파시즘이라 비판한다.

반면 좌파들은 우파들더러 인종주의, 자유방임주의 파시즘이라 부른다.

미국과 다른 환경에서 살고 있는 사람들로서는 복

잡하기 이를 데 없다.

그리고 오늘날 파시즘이란 말만큼 합의되기 힘든 말도 드물다.

중요한 것은 미국의 우파는 다른 나라 우파보다 매우 강력한 자부심을 지니고 있다는 것이다.

미국은 왕이 없는 최초의 나라이고, 또 대통령이 최초로 탄생한 나라인데 이것을 좌파 우파 할 것 없이 모두 함께 이루었기 때문이다.

다음으로 넘어가자.

미국 우파를 파악하기 위해서는 이들과 거대 부르주아들과의 관계를 봐야 한다.

대체로 영국이나 프랑스의 경우, 다시 말해 선진 자본주의 국가들의 경우, 부르주아들은 혁명적이었다. 반면 독일, 이탈리아, 스페인, 러시아 등 후진 자본주의 부르주아들의 경우 반동적이었다. 그리고 제3세계 대다수 국가들의 경우도 마찬가지다.

이들은 봉건제, 왕, 귀족, 성직자, 총통에 무력을 저항할 힘도, 의지도 없었다. 오히려 국가가 부르주아를 탄생시키고 후원했다.

그리고 이런 국가들의 경우 앞서 보았다시피 극우 세력들은 국가와 결탁하게 된다.

그럼 미국은 어떠한가?

이 지점도 독특하다.

우선 미국의 부르주아들은 혁명적이었다. 부르주아들의 아버지, 다시 말해 대토지 소유자, 상공인, 변호사, 저술가 등은 제국인 영국에 저항했고, 노예제도를 응징했다.

따라서 미국의 부르주아인 우파들은 혁명적이었으며 국가에 대해 부정적이었다.

그리고 이것이 미국의 우파들이- 온건우파든 강경우파든 -리버럴리즘의 영향력 안에 있는 이유가 된다.

그러나 그렇다면 과연 미국의 부르주아들은 지금도 혁명적인가?

이 질문에 대해서는 부정적인 답변을 내야 할 듯하다.

우선 우리는 미국의 부르주아들은 미국이라는 국민 국가 내에 존재하지 않는다는 것을 알아야 한다. 물론 그것은 유럽도 마찬가지여서 유럽의 좌파 정권이 국유화를 실시하려 하면 그 나라의 부르주아들은 다른 나라로 가 버린다. 세금을 많이 거두려 해도 부자들은 다른 나라로 가 버린다.

다시 말해 부르주아는 국경도, 국적도 없는 것이다.

그리고 이런 성격은 미국에서 두드러진다.

미국은 태생이 이민자들의 나라다. 또한 국제적 네트워크의 중심에 있다. 특히 미국은 금융자본의 본거지인데 이들은 산업 자본보다 더욱더 쉽게 국경을 넘

나든다.

그리고 미국은 독일계든, 유대계든, 자본가들의 국제 네트워크에 의해 영향을 받는 면이 대단히 큰데, 이것은 오늘날까지 유대인 음모론, 프리메이슨 음모론 등의 상상력의 원천이 된다.

여기서 과거 소련, 중국, 심지어 이슬람 세력들이 그림자 정부, 딥스테이트를 만들어 세계 정복을 꿈꾼다는 설(設), 나아가, 외계인들까지 지구 침공의 전초 기지로서 미국을 택하고 있다는 설(設)의 원천이 되기도 한다.

그러나 이것이 완전히 틀렸다고 보기도 어렵다.

왜냐하면, 미국의 대통령들은 좌파 우파 할 것 없이 암살을 많이 당했고, 그것의 배후 세력으로는 사실 적국보다는 금융 자본이 사람들 입에 자주 오르내리는 것이다.

이후 미국의 대통령들은 독점 규제법을 통해 미

국의 재벌들을 갈가리 찢어 놓기도 하지만 비극적인 운명을 겪게 되기도 한다. 물론 그 이유는 모른다.

결국 미국의 우파들이 아무리 강력하고 호전적인 듯 보이지만 그것은 '상대적'일 뿐이다.

그러나 역시 미국의 우파들은 강하고 호전적이다.

2차 세계 대전의 결과는 반파시즘이란 기치를 내건 자유 진영 만세였고, 한국 전쟁, 베트남 전쟁의 결과는 반공주의 만세였다. 그리고 이것을 미국의 우파들이 이끌었다.

03 뉴딜 / 6·8 혁명

　　　　　미국의 풍요는 영구적이지 않았다. 항상 공황에 의해 위협받았다.

결국 더 이상 자유방임주의로는 미국을 지탱할 수 없음을 좌우 모두 깨닫는다.

그리고 강력한 국가 개입의 필요성이 대두되었다.

또 그 당시는 세계 대전을 경험하면서 국가가 경제는 물론 행정 및 사회 전반에 개입했던 경험이 있고, 그것에 대한 효과, 경험, 자신감을 축적했던 때다.

총력전 체제는 국가가 자원, 인력을 징발하게 하였고, 전 국민은 남녀노소 모두 총동원 체제를 경험하게 한다. 그리고 그것은 정부와 전 국민이 하나라는 생각을 갖게 하였으며, 또 국가는 이들을 위해 존재해야 했다. 더구나 당시 경제 전선을 쏟아져 나온 여성, 그리고 전쟁에 피해를 본 노년층, 새로운 미국을 건설하기 위해 보살펴지고 교육받아야 할 어린이는 국가가 적극적으로 개입해야 할 대상이었다. 물론 전쟁에 함께 나서 승리로 이끈 흑인 등 소수 인종 또한 같은 미국인이라는 의식이 짙어졌으며 이들 또한 배려해야 할 대상이었다.

더구나 당시 혁명 좌파 세력이 커지면서 국가가 적극적으로 개입하여 혁명에 준하는 개혁을 펼칠 필요가 있었다. 그리고 이것은 민주당과 공화당 거의 같이 공감했던 부분이다.

바야흐로 뉴딜의 시대가 온 것이다.

루스벨트는 작고 경쟁력 없는 은행들을 파산시켰고, 또 큰 은행에 합병시켰다.

다양한 사회 인프라와 더불어 공공복지를 실현했으며, 농민과 노동자의 권익 보호에 앞장섰다.

이때부터 미국의 좌우파는 과거와 확연하게 국가 개입을 시도하게 된다.

특히 민주당의 경우 과거 리버릴리즘보다 확고한 유럽식 사민주의 모델로 경도되게 하는 것이다.

여기에 린든 존슨 대통령이 64년 모든 영역에서의 인종 차별을 금지한 민권법에 서명하였는데 이 일을 계기로 당시 공화당의 주요 지지 세력의 한 축이었던 흑인들도 민주당으로 돌아서게 되었다.

더구나 1960년대에서 70년대 새로운 좌파 운동이 전 세계를 강타한다. 이른바 6·8 운동 혹은 신좌파 운동이라 불리는 흐름이 탄생한 것이다.

이 운동은 유럽, 아시아는 물론 체코, 헝가리 등에서 동시적으로 진행되었다.

 그것은 자본주의는 물론 사민주의, 공산주의에 반대하는 흐름이었고 과거와 다른 주체들이 나타났는데 그것은 청년, 여성, 소수인종, 성 소수자 등이었다. 그래서 이 운동을 신좌파라 부르게 되는 것이다.

 그리고 이 운동은 정치, 경제, 문화, 종교 전 영역에서 나타났는데 이러한 운동을 보통 6·8 운동이라고 하며, 또 이것을 벌인 세대를 6·8 세대라고 부르기도 한다.

 그리고 6·8 세대는 미국을 주도하기에 이른다.

 이들은 건국의 아버지의 정신은 물론 정통 민주당의 리버럴리즘, 그리고 국가가 개입하는 뉴딜 좌파하고도 결이 달랐다.

 그리고 이들은 민주당 왼쪽 혹은 밖에 있던 볼셰비키, 트로츠키주의자들하고도 달랐다.

한마디로 6·8 운동은 청년 운동이었고, 문화 혁명이었으며, 마이너리티 혁명이었고, 개발에서 생태, 이성에서 감성, 정신에서 몸, 기독교에서 뉴에이지로의 전환이었다.

이들은 기성세대의 것들, 즉 기독교, 산업주의, 소비주의, 중산층 가족주의, 애국주의 등을 비판했으며 베트남전에 대해 격렬히 비판했다.

이들은 특히 금기 깨기를 시도했는데 그것은 이성 대신 감성, 정신 대신 몸, 금욕 대신 쾌락을 추구했으며 그것은 약물, 자유연애, 명상 등으로 나타났다.

그래서 이들은 미국의 제공해준 쾌락, 소비, 이성, 효율성, 산업 사회 등의 문명을 거부한다. 그리고 몸, 감정, 명상, 사랑, 평화를 희구하며 히피가 된다. 그들의 외모는 장발에 씻지 않고 허름한 옷차림이었고 아무 데서나 뒹굴고 잤다. 이들이 바로 히피다.

그리고 전 세계에서 동시에 진행된 6·8 운동은

기존의 좌파하고는 전혀 다른 패러다임을 보여줬다. 노동자, 이성, 노동, 소유, 국가 등이 아닌 청년, 소수자, 감성, 놀고먹기, 아나키의 패러다임 말이다.

그리고 그것은 미국에서 가장 두드러졌는데 히피즘, 로큰롤, 약물, 프리섹스, 명상, 요가 등이 그것이다.

유럽과 같은 지역과 미국은 다른 점이 있었다. 유럽의 경우, 6·8 운동은 직접적으로 사민당과 공산당에 반대했으나, 미국의 경우 6·8 운동은 민주당 쪽으로 수렴되었다는 점이다.

마틴 루터 킹 목사의 흑인 민권 운동이 그것이고 극좌 유대 트로츠키주의 운동도 민주당 내 왼쪽 블록에 가담하는 형식을 택했다.

그리고 그것은 공장이나 가정, 시민 사회, 일상의 변화보다는 법의 영역을 택했는데 그들은 헌법 개정 운동을 벌인 것이다.

 그리고 흑인 및 소수자의 시민권 확장은 미국 헌법 수정으로 나타났다.

 이들은 대학 입학과 취업에서 일정 비율 할당을 부여 받을 수 있었다.

04 우파의 쇠락

　　　　미국의 우파들도 할 수 없는 게 있었다. 그것은 공황이었다. 특히 대규모 실업이 발생하고, 또한 금융, 제조업, 농산물, 에너지 등의 영역에서 다른 나라에 비해 비교 우위에서 뒤처진다든가, 인프라가 미비하여 제대로 사회 시스템이 작동하지 않을 경우, 우파는 속수무책이었다.

　그것은 핵폭탄으로도 막을 수 없는 것이고, 또 반공주의, 자유방임주의로는 더더욱 막을 수 없는 것이었기 때문이다.

그 후 우파 공화당은 이후 좌파 민주당에게 주도권을 뺏긴다.

그리고 뉴딜 정책이 정치, 경제, 복지, 사회 인프라 차원의 것이라면 6·8 운동은 정신적, 문화적인 영역의 것이었다.

다시 말해 우파의 권위주의, 산업주의, 이성주의, 청교도주의는 더 이상 시대정신이 되지 못했다.

그러나 이 문제를 지금 다시 생각해 보면 다음과 같은 생각을 하기에 이른다.

우파의 쇠락과 좌파의 부흥은 이들 우파가 내세운 '주의'들 자체의 문제라기보다는 오히려 이러한 '주의'들을 내세우지만 뒤로는 타락하고 부패한 기성세대들의 속물근성, 기만 자기모순 때문이 아니었을까 하는.

05 여피/보보스

　　6·8 운동은 성공한 것일까? 실패한 것일까? 애초에 성공할 수 있는 운동을 한 것일까? 아니면 시도 자체가 마지막이고 과정 자체가 목적인 그런 운동이었을까?

　50여 년이 지난 지금도 대답하기 힘든 질문이다.

　그러나 분명한 것은 6·8 운동은 새로운 시대정신을 제시했고, 또 6·8 세대는 성인이 되었으며, 이 중에는 성공한 사람들이 무수히 배출되었다.

그런 이들의 라이프 스타일과 취향, 심미안, 감식안, 패션 등은 남달랐다. 말쑥한 외모에 직장을 다니다 저녁이나 주말엔 요가, 명상에 심취하기도 하고, 또 어느 날 갑자기 히말라야나 아프리카로 홀연히 떠나기도 한다.

바야흐로 여피, 나아가 보보스(bourgeois bohemian)가 등상한 것이다.

여피란 young urban professionals 즉 젊은 도시 전문직의 머리글자 YUP에 히피(hippie)를 단어 뒤에 본떠 IE를 붙인 말로 25~45세 정도의 도시 화이트칼라, 자유직, 전문직을 말한다. 그들은 베이비붐 세대로서 가난을 모르고 자랐으며, 버버리, 롤렉스, 구찌 등으로 치장하고, 대학을 나오고 대도시 근교에 사는 사람들을 말한다.

그리고 이들은 세속적인 동시에 냉소적이다. 여피가 나오는 한 뮤직 비디오에는 명품으로 치장한 여피가 60년대 히피가 입던 티셔츠를 들고는 크게 웃으며 비웃는 장면이 나오는데 이들은 분명 히피의 연장임과 동시에 쌍생아다.

이후 여피는 분노, 냉소에서 벗어나 고상, 초월, 도피로 진화하는데 이들이 바로 보보스다.

과거의 부르주아들은 돈으로 보여줄 수 있는 과시적 소비를 보여 왔다. 반면 엘리트들은 성실, 근면, 경건함 등을 보이는 것으로서 부르주아들과 구별 짓기(distinction)를 해왔다.

그러나 이들 보보스들은 단순히 돈, 그리고 욕망의 충족으로 자신을 드러내지도 않고 이성, 합리성, 금욕, 절제를 자신의 것으로 삼지도 않는다. 이들은 돈도 부르주아만큼 많지만, 그저 돈의 과시, 이성, 절제보다는 비합리주의, 유미주의, 엔틱(antique)한 것, 이국적인 것, 젠 스타일, 미니멀리즘을 추구한다. 그리고 기독교보다는 뉴에이지나 명상, 요가 등에 심취한다.

이들이 여피와 다른 점은 보다 세계적이고, 소수자 친화적이라는 점이다. 이런 점에서는 이들은 여피와 달리 정치적이라 할 수 있고 좌파– 정확히는 신좌파 –라 할 수 있을 것이다.

일찍이 비틀즈는 스스로를 젠-마르크시스트라고 불렀다.

그러나 동시에 이들은 탈정치적이며, 이미지와 기호 속에서만 산다. 그리고 오리엔탈리즘이 깊게 깔려 있다.

06 캐비어 좌파 혹은 리무진 리버럴

　　　　　　이들은 뛰어난 능력과 새로운 시대정신의 총아로서 막대를 부를 거머쥐기도 하는데 이들이 한편으로는 사회 운동, 환경 등을 부르짖지만, 거대한 부의 소유자로서 소비, 패션, 문화, 심지어, 학술이나 정치, 운동 영역에서 엄청난 영향력을 발휘하는 것을 비꼬아 캐비어 좌파 혹은 리무진 리버럴이라는 말이 생겨나기도 한다.

특히 여피 혹은 보보스들은 자신들의 코드, 기호,

상징으로서 유럽 좌파, 특히 프랑스 좌파의 미술, 건축, 철학 사조를 수용하는데 이것들은 포스트모더니즘, 해체주의로 대표된다.

이후, 미국에서는 좌파라고 하면 유럽식 기호, 취향, 교양, 심미안, 감식안을 의미하게 되기도 하는데 계급적으로는 우파지만 정치·문화적으로는 좌파라는 모순적인 상황이 발생하게 된다.

07 좌파의 타락

사실 6·8 운동은 좌파의 전성시대를 열었으나, 모든 사람이 좋아하던 것은 아니었다.

그것은 6·8 운동이 사랑과 평화를 내세웠으나, 사실은 반드시 그렇지 않았다. 약물, 록 음악, 프리섹스에 취한 청년들은 각종 범죄를 저질렀다.

평화의 축제라던 우드 락 페스티벌에서는 윤간과 살인이 발생했다.

또 정치적 테러가 빈번했으며, 요설을 퍼뜨리는 우

상들을 신봉하면서 사이비 종교인들이 벌이는 일을 벌이기도 했는데 거기에는 집단 자살 또한 포함되었다.

더욱이 이들의 운동은 폭력 혹은 광란으로 귀결되기 일쑤였다.

결국 이를 조용히 바라보던 대다수 미국인들은 염증을 느끼기 시작했고, 운동에 참여했던 청년들도 하나둘씩 집으로 복귀했다.

그리고 6·8 운동에 대한 반작용이 작동한다.

그러나 이것을 반동의 발흥이라고만 보기는 어려운 것은 사실 사람들은 6·8 운동에 대해 염증과 공포를 느꼈기 때문이다.

1968년 프랑스 총선에서는 드골이 압승했고, 소련은 체코슬로바키아를 침공하여 프라하의 봄을 다시 겨울로 되돌렸으며, 미국에서는 보수적인 정치인 리처드 닉슨이 대통령으로 당선된 것이다.

공동체 혹은 락 페스티벌에 참여하며 히피 생활을

하던 젊은이들은 하나둘씩 집으로 돌아간다. 그리고 그들은 직장을 얻고, 가정을 꾸리며, 선거 날 투표를 하게 되었다.

이후에도 6·8 운동의 여진은 멈추질 않았다.

미국의 신좌파는 노동자보다는 청년, 여성, 소수자 운동 노선을 표방했다.

그리고 이들은 주류가 되었다.

곧 워싱턴 정가, 뉴욕 월가, 샌프란시스코, 실리콘 밸리, 헐리웃, 학계, 언론계, 문화 예술계 등을 장악한다.

이들은 프랑스제 포스트모더니즘, 해체주의를 수용하였으며 새로운 귀족이 되었다.

그러나 기호, 상징, 정체성, 특수성, 진리의 부재 등을 주장하는 이들의 정신은 피폐해 갔다.

더구나 이들은 청년도 아니고 소수자, 약자, 피해

자는 더더욱 아니다.

  이들이 청년 시절 벌였던 운동과는 달리, 사람이란 어른이 되면 뭔가 일을 해야 한다. 그리고 청년 때하고는 다르게 해야 할 일도 있다. 물론 좌파는 돈의 흐름을 잘 감시하고, 남의 것을 빼앗거나, 속이거나, 인간성이나 생태를 파괴해서는 안 된다. 과거 돈을 태우는 피포먼스를 벌였다면 이제는 돈을 벌고 이자를 붙여야 한다.

  그리고 과거에는 약물, 프리섹스, 이상한 종교에 심취했지만, 성인이 되었다면 가족을 이루고 지켜야 한다. 물론 가족의 형태가 반드시 이성애 부부와 핵가족이라는 틀 내에 갇혀야 할 필요는 없다. 그러나 성인이 되고 시민이 되었다면 어떤 형태든 가족 윤리, 공동체 윤리, 시민 윤리를 잘 지켜야 한다.

  이들은 피터 팬처럼 영원히 청년으로 남든가 아니면 어른으로서, 시민으로서, 엘리트로서 처신해야 했다.

 그러나 이들의 청년 코스프레, 소수자·약자·피해자 코스프레는 부작용을 낳았다.

 과도한 감성 정치는 미국인뿐만 아니라 세계인, 특히 청년과 소수자들을 현혹시키고 새로운 선악 이분법을 탄생시켜 세상을 두 개로 갈라 쳤다. 그리고 그들은 재판관이 되었다. 아니면 방관자처럼 행동했다.

 그리고 헌법의 개정에 집착하고, 예산 증액, 위원회 증설 등에 집착하는 것은 불가항력적으로 도덕적 해이, 무임승차, 부패, 횡령 등을 횡행하게 했다.

 심지어는 음험한 세력과의 야합 의혹까지 제기시키고 있다.

 물론 그것이 어디 좌파만의 문제겠냐만 좌파가 우파와 달리 도덕성과 민주주의를 생명으로 여기는 세력인 것을 감안하면 그것은 곧 좌파의 파멸을 암시

하는 것이기도 했다.

이들은 백인, 남성, 노동자들을 기득권 혹은 가해자로 규정하고, 흑인, 여성, 소수자, 실업자, 복지 수혜자를 박탈자나 피해자로 규정했지만, 거대 국가와 공황의 시대에는 이들의 관계가 단순하지만은 않았다.

국가 권력, 법 권력, 문화 권력을 획득한 좌파, 소수자들은 오히려 기득권이 되기도 했고, 반면, 가해자로 지목한 집단들, 즉 기업가, 백인, 남성들 중에도 피해자가 생기는 경우가 생겼다.

이런 상황 속에서 신좌파의 이념, 노선, 정책 등은 보다 유연해지고 확장될 필요가 있었으나 고준담론, 고리타분, 윤리적 강박, 그리고 결정적으로는 일부 좌파 엘리트들의 이득을 위해 악용되는 경우가 생긴 것이다.

08 돌아온 우파

결국, 경제 위기가 닥치면서 본격적인 보수화의 물결이 밀어닥친다.

그리고 그것은 문화적으로 '아버지의 복귀'라는 형태로 이루어진다.

사실 6·8 운동을 한마디로 말하자면, 그것은 아버지 살해(patricide)였다. 물론, 문화의 영역, 상징의 영역, 무의식의 영역에서 말이다.

이런 영역에서 6·8 세대들은 아버지 살해를 감행

했는데, 그 아버지는 다름 아닌 가부장적이고 권위적인 아버지― 불쌍한 네이티브 아메리칸, 무슬림, 황인종을 살해한 흉포한 ―였다. 그리고 금욕주의를 내세우며 청년들의 욕망을 꾸짖고 통제했던 아버지이고, 주말마다 맥주 캔을 들고서 텔레비전으로 스포츠나 헐리웃 영화를 보면서 낄낄대는 천박하고 비전한 아버지었다.

그러나 운동이 막바지에 다다르자 이윽고 아버지를 죽인 청년들의 마음속에는 얼마 안 가 죄의식이 생겨났다. 더구나 세월이 지날수록 자신들도 나이가 들어 아버지가 되었다. 그러나 과거의 죄책감은 사라지지 않고 그들의 분열 증세는 심해졌다.

그렇게 해서 미국 대중문화에서 '아버지의 복귀'는 이루어지는데 그것은 「스타워즈」에서 시작하여 「라이언 킹」으로 마무리 짓게 된다.

그리고 같은 시기에 미국 대중문화계에 나타난 특징은 무수히 많은 히어로물이 탄생했다는 점이다. 바로 「슈퍼맨」, 「배트맨」 등의 히어로물이 그것인데 작품들은 절대다수가 사적 이익과 시민의 덕목, 나약한 개인과 영웅 간의 딜레마 등의 주제를 담고 있다.

그리고 이들 작품들은 대부분 위기에 빠진 미국, 혹은 지구를 구출하는 나약한 소년, 직장인, 실업자 등이 등장한다.

바로 분열증, 무력함 등에 빠진 미국인들의 콤플렉스를 반영하는 것이다.

결국 이러한 토대 위에 우파는 복귀한다.

바로 리얼 월드에서 강력한 '아버지의 복귀'가 이루어진다.

1968년, 보수주의자 리처드 닉슨은 대통령으로 당선되었다. 그리고 1980년 헐리웃 전쟁 영화 전문 배우 출신 로널드 레이건이 대통령이 된 것이다.

참고로 비슷한 시기인 1975년 영국에서는 철의 여인이라 불리던 우파 정치인 마가렛 세처가 수상이 되었다.

영미권에서 강력한 우파들이 돌아온 것이다.

그리고 이들은 소련을 패망시켰다. 그리고 이들과의 군비 경쟁에서 승리하고, 감세, 규제 철폐, 작은 정부라는 이데올로기 아래 강성 노조들을 무력화시켰다.

그리고 레이건은 도감청을 늘려 마약과의 전쟁을 선포했으며, 교도소를 민영화했다. 또한 낙태에 반대하여 이른바 '뒷골목 낙태'가 빈번히 이루어지게 하였고, 에이즈에 대해 무관심하여 희생자를 양산했으며 성 소수자 혐오 정서를 만연하게 했다.

제3부

트럼프를 우파라 하는 좌파는 진짜 좌파인가?

01 포퓰리스트 트럼프

　　　　공화당 소속 대통령들은 점잖은 부르주아, 장군, 인텔리 출신이 많았다.

　그런 면에서 트럼프는 전형적인 공화당 출신은 아니다. 왜냐하면 트럼프는 금수저 출신이지만 문제아에 군대는 안 다녀오고, 부동산 업자로서 영업을 다니며, 또 방송에 나와 우스꽝스러운 언행을 하는 광대이기 때문이다.

　그럼 역대 미국 대통령 중에 트럼프 같은 대통령

이 있었을까?

있다. 우선 공화당에서 찾아보자.

좌파 마녀 사냥을 했던 매카시를 보면 오늘날 좌파에 대한 혐오, 음모론을 펼치는 트럼프와 닮았다.

또 밥 돌이 있는데 그는 트럼프처럼 부자였다. 그러나 트럼프와 같은 엔터테이너는 아니었다.

그는 선동에 능하고 말싸움을 잘하며 또한 협상에 능하다.

그런데 우리는 선동에 능하고 말싸움을 잘 한다면 우파보다는 좌파를 떠올린다.

실제로 민주당의 창시자 앤드류 잭슨이 전형적이다. 잭슨은 귀족이 아니고 고생 끝에 자수성가한 그는 선동 정치에 능했고 또 선동에 의해 자신의 부인을 잃었다고 평생 생각하며 살았다.

그런 잭슨을 트럼프는 가장 존경한다며 그의 초상

화를 집무실에 걸어 놓는다.

또 앤드류 잭슨은 결투에 능했다. 그는 어토니(attorney), 즉 법률 대리인이었는데 당시 이 직업은 해결사와 다를 바 없었다. 법정에서 법리로 이길 수 없으면 고의로 상대를 자극해 결투를 유발하곤 총으로 끝내는 그런 경우가 많았던 것이다. 앤드류 잭슨은 그런 사람이었다. 또 그는 탁월한 군사 지휘관이자 전쟁 영웅이었다.

그럼 트럼프는 어땠을까? 앞에서 밝혔지만 트럼프는 군대를 다녀오진 않았다.

그러나 그는 프로 레슬링 무대에 출연하기도 하고 대단히 거친 입담을 선보인다.

그리고 트럼프는 엘리트 기숙 학교 출신인데 좌우를 막론하고 마초처럼 보이는 정치 거물들은 여기 출신인 경우가 많다. 그런데 이들 학교는 비가 추적추적 오는 날씨에도 아이들을 운동장 진흙탕 위에서 오후 내내 레슬링을 시키기도 한다. 여기 출신들은 호전적이며 이들이 영미의 명문 대학에 가서 술, 싸움, 파티, 도박에 에너지를 소진하게 만드는 기원이 된다.

그리고 이러한 계보의 끝에 있는 곳이 바로 옥스퍼드 로즈 장학생인데 이것은 마치 영미 제국주의의 최고 리더의 자격증 같은 것처럼 인식되기도 한다. 그러나 로즈 장학생 중에는 빌 클린턴도 있다. 알려졌다시피, 빌은 6·8 세대며 마리화나에 심취했었다. 그는 인터뷰에서 '마리화나를 입에 대기는 했지만 빨지는 않았다.'고 했다.

그리고 보면 여피가 나오는 영화 「아메리칸 사이코」를 보면, 그 여피의 집에는 책이 꽂혀 있는데 제목은 『거래의 기술』이고 저자는 트럼프다.

미국의 좌우, 히피, 여피는 모두 쌍생아라는 것을

반증이라도 하는 듯하다.

하긴 여피가 탄생한 시기는 미국의 막대한 물질적 풍요를 구가하던 시절이다. 사실 그것은 로널드 레이건이 소련을 멸망시키고, 노조를 깨부수며, 비즈니스 프렌들리를 외친 결과였다.

이때부터 히피는 여피가 된 듯하다.

능력주의, 태생을 중시하는 여피들은 60년대 좌파들이 읽던 '따뜻한 이웃과 사회'에 관한 책보다는 '적자생존', '우생학'에 관한 책을 읽었으며, 효율성의 숭배자가 되어 적대적 엠앤에이, 기업 사냥꾼에 대한 책을 마치 영웅담 읽듯이 읽었다.

그리고 이들의 이러한 효율성에 대한 숭배는 동양식 선(選)을 젠(zen) 스타일로 수용하고 나중에는 미니멀리즘으로 발전시킨다.

실제로 여피가 선호하는 인테리어 스타일 중에는 앙상한 철골, 콘크리트가 그대로 드러나며, 가구가

거의 없는 그런 스타일도 있다.

하여간 트럼프가 반지성주의 포퓰리스트라는 점에는 이견이 없다.

그러나 그가 애서 지적인 척 하진 않지만, 오히려 고고하고 점잖은 척 하는 인텔리보다 더 영악하고 경우에 따라서는 지혜로워 보이기도 하다.

그는 이런 자신의 캐릭터를 통해 워싱턴, 월스트리트, 헐리웃 등의 엘리트 좌파들을 조롱한다. 그리고 러스트 벨트의 가난하고 박탈당했으며 분노한 백인들에게 카타르시스를 준다.

또 그는 자신의 지지자들에겐 냉혈한이라는 이미지보다는 위트 있고 따뜻한 사람으로 간주된다.

그리고 그의 이런 특징들은 그를 우파보다는 좌파처럼 보이게 만들기도 한다.

사실 옛날부터 광대, 희곡 작가, 코미디언 등은 기

존 질서를 조롱했고 민중들로 하여금 대리 만족을 느끼게 하였다. 그리고 이런 특징은 대대로 좌파에게서 많이 보였다.

이들은 특히 성적인 농담, 희롱 등을 통해 기존 질서를 비판했는데, 프랑스 혁명, 러시아 혁명 모두 마찬가지였다.

그리고 그것은 6·8 혁명 당시에도 마찬가지였다. 래리 플린트의 경우 그의 포르노 잡지를 통해 당시 근엄한 우파 목사이던 제리 폴웰을 조롱했고 대법원까지 갔지만 결국 표현의 자유의 보장이란 헌법 정신에 의해 승리한다.

하지만 이러한 좌파의 전통인 반지성주의는 이후 퇴색되고 그 대신에 엄숙주의, 윤리주의가 등장한다. 그리고 이러한 좌파 윤리는 소수자를 내세우면서 이에 반대하는 사람들은 모두 극우로 몰아넣기도 하는데, 이때의 죄목이 바로 반지성주의다.

처음의 좌파는 반지성주의를 무기로 삼는 우울한 광대 같은 이미지였으나 권력을 잡은 다음부터는 엄숙함과 윤리를 내세우는 종교 재판관이 되었다.

그런 좌파를 반지성주의 광대처럼 비판하는 트럼프는 분명 우파지만 좌파 같은 우파다.

02 제국의 스펙터클

미국은 제국이다.

미국은 거대한 연방이기 때문에 (소)제국이고, 세계 패권 국가이기 때문에 (대)제국이다.

따라서 미국인은 다른 나라 사람들이랑 좀 다르며, 당연히 미국의 좌우파 또한 좀 다르다.

미국은 막대한 농산물, 셰일 가스를 생산하는 국가이기도 하며, 이것이 세계 제국의 중심으로서의 미국을 강력하게 만드는 요인이기는 하지만, 사실 제국의 중심부의 핵심 기능은 이것만은 아니다.

미국은 세계 제국의 중심부이고, 따라서 미국은 자국을 통치하는 것이 제1의 목표이다. 그것은 대중문화 및 학술 등 상징 조작, 군사력, 그리고 종교 등의 기능을 수행하는 것을 의미하며, 또 달러를 찍어내고 통화를 조절하는 것 또한 의미한다.

그리고 이 모든 것이 대통령의 언행에 의해 지휘된다.

그리고 이들은 과거 미국의 영광스러웠을 때를 재현한다.

조지 W. 부시는 과거 건국의 아버지들이 미국인들에게 노새와 토지를 무상으로 제공했던 것을 재현하려 했을까? 미국의 극빈층에게도 거의 무상에 가까운 집을 가질 수 있도록 쉽게 융자를 받게 하여, 미국을 마치 모두가 자산가이자 소유자의 천국

인양 만들려 했다. 물론 그 끝은 안 좋았는데 서브프라임 사태의 원인이 된 것이다.

또 미국은 어느 날 CNN 화면에서 고대 유적이 있는 이라크의 밤하늘에 불꽃놀이를 하는 장면을 생중계했는데 알고 보니 그것은 미사일, 대공포, 폭발 장면이 어우러진 스펙터클이었다.

이것은 마치 로마 제국이 콜로세움을 건설하곤 그 안에서 자신의 선조들의 영광스러운 전투장면을 재현하는 심리하고도 유사해 보인다. 하긴 고대 로마나 지금의 미국이나 세계 제국이긴 하다. 한마디로 제국주의자는 포퓰리스트다.

그러나 이러한 스펙타클과 포퓰리즘은 미국의 적들도 사용한다.

이른바 미국의 적들은 뉴욕 쌍둥이 빌딩에 민항기들을 충돌시킨다. 그리고 서구의 첩자라 지목한 사람의 참수 장면을 인터넷으로 보여준다.

그러고 보면 트럼프도 마찬가지다. 그는 시진핑과 만찬 자리에서 시리아를 토마호크 크루즈 미사일 70여 발로 공격했는데 그 장면이 생중계되는 방송을 시진핑에게 보여 줬다.

그는 버라이어티 쇼의 진행자이며 프로 레슬링 애호가다. 그리고 미군의 최고 사령관으로서 의회의 동의 없이 선제적으로 세계 어느 곳이나 공격할 수 있는 힘이 부여된 자다.

그리고 방금 소개한 대목은 그의 경악스럽고 변태스러운 모습을 드러내준다.

사실 그는 현재 전쟁 중인지도 모른다. 그러나 그것을 속이고 있는지도.

하여간 포퓰리스트 트럼프는 또 다른 쇼를 속속 보이고 있다.

리스트 벨트.

과거 찬란했던 자동차, 철강, 조선 산업의 메카들

이었던 디트로이트 등 미국의 산업 도시들이다. 그러나 얼마 전까지만 해도 여기는 국제 경쟁력에서 뒤쳐져 강철엔 녹이 슨 지 오래다. 그리고 이곳 노동자들은 백인, 흑인 할 것 없이 실업과 장기 불황의 고통에 허덕이고 있다. 노조나 민주당 등 자신들을 대변한다고 하여 대대로 지지했던 좌파들은 말만 번지드르하게 하지 전혀 대책을 못 내놓는다

그러나 트럼프는 러스트 벨트를 살려내고 있다.

물론 러스트 벨트가 부활하지 않아도 미국은 별 걱정이 없다. 셰일 가스가 있고, 또 문화, 엔터테인먼트, 마이크로소프트, 구글, 아마존 등이 있다. 넘쳐 나는 농산물이 있고, 화려한 첨단 무기가 있으며, 자율차가 있고, 인공위성이 있다. 또 골드만삭스가 있고, 더구나 미국은 달러 발행국이다.

하지만 중요한 건 이른바 '쏘울'이다.

즉 미국인들에게 과거 선조들을 상기시키고 초라

하고 소심해지는 스스로에게 자부심을 불러일으키는 것 말이다.

미국인들은 두 부류로 나뉜다.

미국은 이민자들의 나라이다 보니 신분, 계급, 성 정체성, 심지어 범죄 여부도 중요하지 않다. 뉴요커들이 대표적이다. 이들은 스타일만이 자신의 정체성을 형성할 뿐이다. 더구나 출근길, 직장, 점심 먹을 때, 퇴근길, 카페, 재즈 바, 공연장 등에서 그들의 정체성은 시시각각 변한다. 그리고 미국은 이런 세련된 뉴요커들이 주도하는 면도 있다.

이들은 중국산 연필이든 미국산 연필이든 싸고 좋은 것을 소비하고 따라서 연필에 있어선 중국산을 소비한다.

어쩌면 좌파들은 일부러 중국산을 소비하면서 자신이 마치 아시아의 황인종 아이를 입양한 듯한 행복감에 빠질 수도 있겠다. 오리엔탈리즘이다.

반면, 미국엔 이런 부류만 있는 게 아니다. 로키산맥 밑에 살고 있는 미국인들, 과거 서부라 불리던 목초지에 살고 있는- 교수들도 카우보이모자를 쓰는 -미국인들은 아직도 학교 친구들 중 어느 놈이 우리 엄마나 누나를 모욕하면 주먹으로 흠씬 두들겨 주고 그것을 집에 가서 자랑한다. 그러면 가족들이 점잖게 꾸짖지만 알고 보면 칭찬인, 그런 배경 속에서 살고 있는 미국인들도 있다.

그렇다. 이들은 촌스럽고 국뽕스럽다.

그리고 이들은 미국 연필이 투박하고 비싸도 미국산을 사는 것을 자랑스러워한다.

물론 이것은 포퓰리즘 쇼다.

좌파나 우파나 진실을 대변하지 않는 것은 마찬가지 아니던가?

03 전쟁?

어쩌면 미국은 분열될 지도 모르겠다.

트럼프 현상은 그저 시작일 뿐이다.

극우들이 득세한 남부 주들은 좌파와 연방 정부에 대항해 분리 독립 운동을 시도할지도 모른다.

반면 좌파들의 본거지인 캘리포니아도 분리 독립 운동을 벌일 수도 있다.

그리고 이것은 '내전'을 발발시킬 수도 있다.

그러나 미국의 정치인들이 이것을 원할까? 좌파든

우파든, 민주당이든 공화당이든 말이다.

보통 이럴 경우, 미국의 주류 정치인들은 좌우 할 것 없이 미국을 분열되는 현상 뒤에는 이슬람 혹은 중국이 있다는 마타도어를 일으킬 지도 모른다. 그리고 실제로 전쟁이 발발할 수도 있다.

그곳은 어디일까?

중동? 호르무즈해협? 인도양? 티베트 중국 국경? 대만? 아니면 한반도?

그저 전 세계인들은 자신들이 전쟁 당사자가 아니기만을 빌어야 할지도 모를 상황이다.

그럼 과연 누가 미국을, 아니 세계를 안정시킬 것인가?

건국의 아버지로 빙의된 사람들일까?

아니면 6·8 운동의 슬로건 사랑과 평화를 외치는 사람들일까?

과연 오늘날 좌우라는 구분이 어떤 설득력을 지닐까?

오늘날 세계는 전방위적인 위기에 처해 있고 좌우 이념은 무색하기 짝이 없다.

4차 산업 혁명과 녹색 뉴딜이라는 장밋빛 미래와 더불어 미중 전쟁, 통제 못하는 바이러스 등이 겹치는 미래, 과연 우리에게 필요한 건 무엇일까?

아마도 우리에게 필요한 건 문명이 몰락한 후 우글대는 좀비들 속에서 가족, 이웃, 시민적 덕목, 그리고 인간이기를 최후까지 고집하기 위해 어떤 무기라도 들어 살아남아야 하는 폐허 속 생존자들의 덕목 같은 것은 아닐까?

미국이 남북 전쟁 당시처럼 두 개로 나뉠지, 아니면 미국과 중국 간에 전쟁이 발발할지 전운이 감도는 현실이지만, 이것을 지적하는 인텔리와 언론들은 보이지 않는다. 어쩌면 이것이 더 큰 인류의 위기,

좌우의 위기가 아닌지 모르겠다.

그런 와중에 트럼프라.

트럼프는 과연 누구인가?

글쎄. 그건 말하기 쉽지 않다.

오히려 그것보다는 이런 질문이 실용적일 듯하다.

트럼프를 우파라 하는 좌파는 과연 좌파인가?

그런 좌파를 좌파라 하는 우파는 진짜 우파인가?

이 질문에 대해 스스로 답을 구하는 것이 필요한 시점이다.

혼돈의 세상에 그런 고민은 진실을 드러내 줄 수도 있다.

마치 섬광과 같은 순간, 이것이 찰나(刹那)일지라도.

진실은 원래 그런 거 아니었던가!

"모든 견고한 것들은 공기 속으로 녹아 사라진다."

– 칼 마르크스 –

트럼프는
좌파일까
우파일까

펴 낸 날　2020년 11월 13일

지 은 이　김유진
펴 낸 이　이기성
편집팀장　이윤숙
기획편집　윤가영, 이지희
표지디자인　이윤숙
책임마케팅　깅보헌, 김성욱
펴 낸 곳　도서출판 생각나눔
출판등록　제 2018-000288호
주　　소　서울 마포구 잔다리로7안길 22, 태성빌딩 3층
전　　화　02-325-5100
팩　　스　02-325-5101
홈페이지　www.생각나눔.kr
이 메 일　bookmain@think-book.com

- 책값은 표지 뒷면에 표기되어있습니다.
  ISBN 979-11-7048-157-7(00300)

- 이 도서의 국립중앙도서관 출판 시 도서목록(CIP)은 서지정보유통지원시스템 홈페이지(http://seoji.nl.go.kr)와 국가자료공동목록시스템(http://www.nl.go.kr/kolisnet)에서 이용하실 수 있습니다
  (CIP제어번호: CIP2020047247).

Copyright ⓒ 2020 by 김유진, All rights reserved.
- 이 책은 저작권법에 따라 보호받는 저작물이므로 무단전재와 복제를 금지합니다.
- 잘못된 책은 구입하신 곳에서 바꾸어 드립니다.